ANALISI DEL LIBRO

AF132014

Cecità

• • • • • • • • • • • • • • •

José Saramago

ANALISI DEL LIBRO

Scritto da Danny Dejonghe
Tradotto da Sara Rossi

Cecità

José Saramago

JOSÉ SARAMAGO

SCRITTORE E GIORNALISTA PORTOGHESE

- **Nato ad Azinhaga, Portogallo, nel 1922**
- **Morto a Lanzarote (Isole Canarie, Spagna) nel 2010**
- **Opere principali:**
  - *Il Vangelo secondo Gesù Cristo* (1991), romanzo
  - *Il doppio* (2002), romanzo
  - *Vedere* (2004), romanzo

José Saramago nacque in Portogallo nel 1922 da una famiglia umile. All'età di 12 anni fu costretto ad abbandonare la scuola per fare il fabbro. Si cimentò in vari lavori, come giornalista per *il Diário de Notícias*, poi come traduttore prima di iniziare la carriera letteraria. Il suo primo romanzo, *"Terra do Pecado"* (*Terra del peccato*), venne pubblicato nel 1947, ma solo con la pubblicazione della sua prima opera tradotta nel 1982, *"Baltasar e Blimunda",* venne riconosciuto per il suo lavoro.

Membro del partito comunista, Saramago fuggì alle Isole Canarie nel 1991, quando la sua opera *"Il Vangelo secondo Gesù Cristo"* venne giudicata blasfema e censurata nel suo Paese. Dopo aver ricevuto la laurea honoris causa da numerose università francesi, nel 1995 ricevette il premio Camões, il più prestigioso premio letterario portoghese. Tre anni dopo, vinse il Premio Nobel per la letteratura. Le sue opere, che comprendono romanzi, saggi, poesie e opere teatrali, sono state tradotte in numerose lingue e pubblicate in tutto il mondo.

CECITÀ

IL DECLINO DELLA SOCIETÀ ATTRAVERSO LA METAFORA DELLA CECITÀ

- **Genere:** romanzo

- **Edizione di riferimento:** Saramago, J. (2013) *Cecità*. Trans. Pontiero, G. Londra: Vintage Books.

- **Prima edizione:** 1995

- **Temi:** cecità, reclusione, mondo apocalittico, ribellione, follia, speranza, violenza, dittatura, anarchia, disumanizzazione, barbarie, sopravvivenza

"Cecità", pubblicato originariamente in Portogallo nel 1995, è stato tradotto in inglese tre anni dopo e pubblicato da Harcourt. Tutto inizia in una città cosmopolita e affollata, ma senza nome. A un semaforo, un'auto si ferma e il conducente diventa improvvisamente cieco. Seguono una serie di fenomeni simili.

Le persone colpite da questa epidemia di cecità sono messe in quarantena in un manicomio in condizioni di vita deplorevoli, in cui la società si è disumanizzata. Nonostante l'atmosfera cupa, c'è ancora un raggio di speranza: qualcuno è stato risparmiato dal contagio. È la moglie dell'oculista, che guiderà i ciechi verso la civiltà.

SINTESI

UN'EPIDEMIA DI CECITÀ

In una città senza nome, un automobilista si è fermato a un incrocio quando improvvisamente perde la vista. Un giovane si offre di accompagnarlo a casa, ma ne approfitta e gli ruba l'auto. Il giovane diventa poi cieco a sua volta. Il primo cieco si reca da un oculista, accompagnato dalla moglie. Nella sala d'attesa ci sono diverse persone: una bella donna giovane che indossa occhiali colorati per nascondere la congiuntivite, un ragazzo strabico e un uomo anziano che deve essere operato di cataratta e porta una benda. Il medico è perplesso per la malattia dell'uomo; osserva che il paziente è cieco, ma l'occhio non è danneggiato. Quella notte, mentre sta studiando questa "malattia", egli stesso perde la vista.

Le autorità, avvertite di questo fenomeno, mettono in quarantena in un manicomio tutti i ciechi contagiosi. Tra questi ci sono il cieco originale, il ladro d'auto, la giovane donna con la congiuntivite e il bambino strabico. Ci sono anche l'oculista e sua moglie, anche se quest'ultima si finge cieca solo per poter stare con il marito. Più tardi arrivano l'anziano con la benda, la moglie del primo cieco e la segretaria dello studio dell'oculista. I malati decidono di chiamare la malattia il male bianco, poiché tutto ciò che vedono è bianco.

SOCIETÀ DISUMANIZZATA

Le condizioni del manicomio sono quasi disumane e assomigliano molto a quelle dei campi di concentramento nazisti. I pazienti ricevono poco cibo e poche cure, l'edificio è sporco e sempre pieno di nuovi pazienti che arrivano ogni giorno a decine e tutti vengono sorvegliati da guardie pronte a sparare a chiunque tenti di fuggire. È il giovane ladro d'auto a subire questa sorte quando cerca di scappare, nonostante una ferita alla coscia inflittagli dalla giovane donna dopo aver fatto un gesto inappropriato.

Sebbene si sforzi ad essere contagiata, la moglie del medico resiste all'epidemia, ma continua a fingere la cecità per evitare di essere esclusa. Il fatto che riesca ancora a vedere le permette di orientarsi e di aiutare i ciechi in varie attività quotidiane, diventando per loro una sorta di guida.

A causa dell'elevato afflusso di pazienti, le autorità decidono di debellare la malattia attraverso una "liquidazione all'ingrosso" (p. 81) e così diversi pazienti vengono fucilati dalle guardie. In risposta, i ciechi decidono di unirsi e sostenersi a vicenda, ma questa unione non dura a lungo e cede il passo all'interesse personale: i litigi scoppiano soprattutto durante la divisione del cibo, perché ognuno vuole più della sua parte, o quando il baccano che alcuni fanno disturba il sonno degli altri. La microsocietà che si sviluppa antepone i bisogni individuali a quelli collettivi. La situazione peggiora con l'arrivo degli ultimi ciechi, la maggior parte dei quali sono delinquenti che razionano il cibo e obbligano gli altri a pagarli; se qualcuno si rifiuta, viene picchiato.

LA VIOLENZA AUMENTA

Ben presto, gli ultimi arrivati instaurano una dittatura e, con il passare dei giorni, l'orrore si intensifica. Se all'inizio i delinquenti ciechi si erano limitati a razionare il cibo, ora, a causa del loro forte appetito sessuale, esigono donne, che violentano, in cambio di cibo. Mentre alcune decidono di ribellarsi, un gruppo di sette donne, tra cui la moglie dell'oculista e la donna con gli occhiali scuri, decide di consegnarsi al gruppo di barbari per poter continuare a mangiare. Vengono selvaggiamente violentate e una di loro muore per le ferite riportate. L'estorsione sessuale continua e la moglie del medico finisce per uccidere il capo dei malviventi.

Lungi dal placare la situazione, il leader deceduto viene rapidamente sostituito da un altro, un contabile che, fino a quel momento, era stato innocuo. Decide di privare gli altri detenuti di tutto il cibo, mentre le autorità hanno deciso di non consegnare più loro i rifornimenti. Alcune persone, tra cui l'oculista e sua moglie, il primo cieco e sua moglie, il ragazzo, la giovane donna con la congiuntivite e il vecchio con la benda sull'occhio, escogitano un piano per rubare il cibo ai malviventi.

Poco dopo, il gruppo di detenuti decide di ribellarsi con ogni mezzo, dando vita a una battaglia epica che, però, conclude con una sconfitta. Alla fine, una donna sconosciuta dà fuoco all'edificio, sconfiggendo i criminali e distruggendo allo stesso tempo il manicomio. Tutti sono di nuovo liberi di andare in città.

I CIECHI IN CITTÀ

Una volta usciti dal manicomio, i ciechi si sentono disorientati e spaventati mentre riscoprono l'ambiente che li circonda. Si rendono conto che tutti in città sono diventati ciechi, il che significa che ognuno pensa a sé stesso quando si tratta di cibo e bevande. Dopo aver trovato un rifugio per il gruppo, la moglie dell'oculista decide di andare in cerca di provviste e trova uno scantinato pieno di cibo, inaccessibile ai ciechi. Torna dai suoi amici nel rifugio e li sfama.

Dopo aver recuperato le forze, decidono di cercare la casa di ciascuno. La prima che visitano è quella della giovane donna con gli occhiali scuri che spera di trovare i suoi genitori che, purtroppo però, sono scomparsi. Il mattino seguente, tornano in città e arrivano nella zona in cui vivono il medico e la moglie. Nel loro appartamento, il gruppo riscopre il sapore dell'acqua e la gioia di potersi lavare. Dopo aver trascorso la notte lì, la moglie dell'oculista decide di ripartire alla ricerca di cibo. Il primo cieco e sua moglie vanno con lei, sperando di tornare alla loro casa, ma scoprono che uno scrittore e la sua famiglia ne hanno preso possesso. La coppia, che ora vive con il gruppo, decide di permettere allo scrittore di rimanere lì, poiché la proprietà privata è uno dei tanti concetti dimenticati dalla popolazione dopo l'epidemia di cecità.

IL RITORNO DELLA VISTA

Il giorno dopo, durante un'altra spedizione per trovare cibo, l'oculista e sua moglie osservano che la città peggiora:

> *"Lo stato delle strade peggiorava di ora in ora. L'immondizia sembrava aumentare durante le ore di buio, era come se da fuori, da qualche paese sconosciuto dove avevano ancora una vita normale, venisse di notte a svuotare le pattumiere..." (p. 293).*

Quando arrivano al negozio, la donna scopre decine di corpi sulle scale che portano al nascondiglio. Sconvolta da ciò che vede, crolla. Con l'aiuto del marito, riesce a entrare in un tempio religioso dove la coppia fa un'altra scoperta allarmante: tutte le figure religiose (Gesù, Maria, i santi, ecc.) sono bendate.

Tornano all'appartamento dopo un pasto frugale. Quella sera avviene un miracolo: il primo cieco riacquista la vista all'improvviso, come l'aveva persa. La stessa cosa accade rapidamente per ogni membro del gruppo e per il resto della città. Il motivo di questa improvvisa cecità e del suo recupero rimane per sempre un mistero.

STUDIO DEL CARATTERE

IL PRIMO CIECO

Il primo cieco perde improvvisamente la vista mentre è fermo al semaforo rosso. Qualcuno viene ad aiutarlo, ma approfitta della situazione e gli ruba l'auto. Da quel momento in poi, il primo cieco serba rancore nei confronti del ladro.

Questo personaggio non ha un ruolo centrale; compare soprattutto quando guida le spedizioni negli altri dormitori del manicomio o quando deve aiutare il suo gruppo a trovare del cibo. Ama molto sua moglie e non si separa mai da lei. È anche molto possessivo nei suoi confronti: quando lei decide di concedersi ai malviventi, lui le ordina di non andare. È anche il primo a recuperare la vista.

IL LADRO D'AUTO

Questo giovane si offre volontario per accompagnare a casa il primo cieco, ma approfitta della situazione rubandogli l'auto. A sua volta, perde la vista e viene messo in quarantena con gli altri nel manicomio.

All'interno della comunità si comporta in modo inappropriato, soprattutto con le donne. Una di loro si difende e lo ferisce gravemente a una gamba. Quando non riesce più a sopportare la prigionia, cerca di fuggire, ma viene ucciso dalle guardie che sorvegliano l'edificio prima che raggiunga l'uscita.

LA GIOVANE DONNA CON GLI OCCHIALI SCURI

Questa giovane donna va dall'oculista per una congiuntivite e poche ore dopo perde la vista.

Sembra che le piaccia il contatto con gli uomini, ma non si lascia mai mettere i piedi in testa quando è infastidita e dimostra di avere un carattere forte. È anche protettiva e materna sia con il ragazzo strabico che con la moglie dell'oculista, quando la trova sull'orlo di una crisi di nervi.

Al ritorno in città, parte alla ricerca dell'appartamento che condivideva con i genitori, ma non vi trova nessuno. Alla fine del libro, vuole andare a vivere con il vecchio con la benda sull'occhio, con cui aveva condiviso un abbraccio una notte, ma sostiene di non essere innamorata di lui. È la seconda persona che finalmente riacquista la vista.

IL VECCHIO CON LA BENDA SULL'OCCHIO

Questo vecchio è un altro dei pazienti dell'oculista che è diventato cieco. Quando arriva al manicomio, porta con sé solo una radio, in modo che lui e i suoi compagni possano tenersi aggiornati su ciò che accade fuori. Quando arrivano i malviventi è più discreto, non vuole che gli venga rubata l'unica cosa che possiede. Da quel momento in poi, ascolta le notizie da solo, nascosto sotto le coperte del letto, prima di dare agli altri un riassunto di ciò che ha sentito.

Alla fine del romanzo, confessa di voler vivere con la giovane donna dagli occhiali scuri.

L'OFTALMOLOGO

Il medico ha visitato quattro persone cieche prima di essere colpito lui stesso dalla cecità. Nonostante le sue ricerche, non riesce a spiegare l'origine della malattia. Quando perde la vista, viene chiuso in manicomio con la moglie, dove viene designato "capo della baracca". Nel corso della storia, egli rappresenta la voce della ragione.

È anche una forte fonte di sostegno per la moglie che finge di essere cieca. Mentre gli altri percepiscono l'orrore solo usando gli altri sensi, lei è consapevole di tutto ciò che sta accadendo e ha quasi un esaurimento nervoso in diverse occasioni.

È la terza persona a riacquistare la vista alla fine del libro.

LA MOGLIE DELL'OCULISTA

La moglie dell'oculista è l'unica persona della storia a non diventare cieca e non viene fornita alcuna spiegazione fisica o psicologica. Ciò solleva la domanda: "perché proprio lei?". Senza dubbio, parte della risposta sta nel fatto che è una donna con una forte morale: è sensibile e generosa e non usa il suo potere per dominare, ma per aiutare chi le sta vicino.

Inoltre, fingendosi cieca per accompagnare il marito al manicomio, si rivela un aiuto importante per i non vedenti. Sia che li accompagni alla toilette, sia che raccolga il loro cibo, sia che aiuti il marito a seppellire i morti (un compito che i detenuti devono svolgere), svolge il suo ruolo di guida. Si assicura che il gruppo non scenda nella depravazione più totale e li aiuta a mantenere una certa dignità.

Di solito è una donna dai nervi d'acciaio, ma inizia a crollare quando le condizioni di vita dei detenuti diventano disumane. È anche lei a uccidere il capo dei malviventi. Quando il manicomio viene incendiato e il gruppo finisce per strada, è lei a occuparsi del razionamento. È grazie alla sua capacità di vedere che riesce a trovare immediatamente ciò che cerca. Dopo aver notato una scala accanto a un ascensore fuori servizio, la percorre e scopre una stanza piena di cibo.

Nel corso del romanzo, la donna si rende conto del suo ruolo di protettrice e dei cambiamenti psicologici subiti dai nuovi ciechi. Quando tutti riacquistano la vista, la donna è sopraffatta dalla gioia di sapere che il suo calvario è finalmente finito.

LA BANDA DI TRUFFATORI CIECHI

La banda di delinquenti ciechi arriva al manicomio poco dopo i primi protagonisti. In un certo senso, rappresentano i poteri che si trovano ai vertici delle società totalitarie, che pretendono più diritti degli altri. Sono anche loro che tengono in ostaggio i detenuti per ottenere il cibo e non ci pensano due volte a usare la forza per ottenere ciò che vogliono. Oltre a rubare, riducono la libertà degli altri, vietando loro i bagni e violentando le donne. L'autore usa spesso un vocabolario animalesco per descrivere il loro comportamento.

L'intero gruppo muore nell'incendio del manicomio, appiccato da una donna sconosciuta.

Il contabile cieco

Tra le fila dei criminali ciechi c'è un contabile che legge e scrive in braille. Sembra provare un certo rammarico per i sistemi messi in atto dal suo gruppo. Sebbene all'inizio non sembri condividere le loro convinzioni, rimane nel gruppo per il benessere materiale che gli procura.

Quando la moglie dell'oculista uccide il capo dei malviventi, egli decide di prendere la sua pistola e si proclama capo. Diventa un leader molto più duro del precedente, arrivando a privare gli altri detenuti del cibo. Tuttavia, all'interno del suo gruppo soffre di una crudele mancanza di autorità:

> "Dopo la tragica morte del loro primo capo, nel reparto era scomparso ogni spirito di disciplina o senso dell'obbedienza, il grave errore del conta-bile cieco è stato quello di aver pensato che bastasse impossessarsi della pistola per usurpare il potere, ma il risultato è stato esattamente l'oppo-sto, ogni volta che spara, il colpo gli si ritorce contro, in altre parole, ad ogni colpo sparato, perde un po' più di autorità..." (p. 199).

Muore nell'incendio del manicomio insieme agli altri truffatori ciechi.

ANALISI

LA FANTASIA NEL ROMANZO-SAGGIO

L'opera di José Saramago può essere paragonata a un romanzo-saggio. Le analogie tra il suo racconto e il genere del saggio sono visibili fin dal titolo. Infatti, *"Cecità"* era originariamente intitolato *"Ensaio sobre a Cegueira"*, che può essere tradotto come *"Saggio sulla cecità"*. Lui stesso ammette di amare questo genere, perché gli permette di superare certe preoccupazioni o ossessioni.

In *"Cecità"*, l'autore utilizza una premessa semplice, ma aggiunge un elemento di fantasia: se tutti perdessero la vista nello stesso momento, come reagirebbe la società? Eliminando uno dei nostri cinque sensi, l'autore ci fa mettere in discussione la nostra condizione umana. Pensiamo, quindi, che tutto ciò che possediamo sia nostro. Eppure, la realtà non è così indulgente e tutto può crollare da un giorno all'altro. Mentre sono ciechi, i personaggi sembrano aver perso completamente l'orientamento e, nel giro di poche settimane, tutta la società è nel caos.

Con *"Cecità"*, Saramago intraprende un esperimento letterario, filosofico e sociologico introducendo un elemento fantastico in un universo reale, prima di osservare cosa succede.

UN ROMANZO METAFORICO

"Cecità" è il primo romanzo metaforico di Saramago. Questo stile letterario utilizza immagini forti per dare vita a un

concetto, a una realtà astratta. Diffuso nel Medioevo – soprattutto grazie a «*Le Roman de la Rose*» (XII *secolo*) di Guillaume de Lorris (poeta francese, 1200 ca. – 1238 ca.) e Jean de Meung (poeta francese, 1240 ca. – 1305 ca.), in cui la rosa rappresenta la donna amata – è tornato di moda con il romanzo «*La peste*» (1947) di Albert Camus (scrittore francese, 1913-1960), in cui la peste è generalmente vista come una rappresentazione del nazismo.

L'EPIDEMIA DI CECITÀ: UNA METAFORA, MA PER COSA?

Per quanto riguarda il romanzo di Saramago, egli sembra non voler spiegare il significato nascosto dietro l'improvvisa cecità perché, secondo lui, questo "potrebbe far capire al lettore più cose di quanto non farebbero le fredde descrizioni scientifiche..." (Amorim, 2010, p. 102). Inoltre, anche se il mistero rimane, possiamo immaginare le intenzioni dell'autore "di risvegliare la coscienza invitando il lettore a riflettere più profondamente" (*ibid.*: 4) e questo risveglio di coscienza dovrebbe essere universale: riguarda tutta l'umanità attraverso personaggi non identificati che si evolvono in un tempo e in uno spazio indeterminati.

Come Camus ne «*La peste*», l'autore vuole mettere in guardia il lettore: la cecità che colpisce quasi tutta la popolazione di una città non è forse una metafora dell'ignoranza e dell'inganno che hanno sempre e – continuano a – trascinare l'uomo al livello delle bestie? Incarna forse l'egoismo, l'intolleranza e il fatto che, quando si tratta degli altri, siamo di fatto ciechi rispetto a ciò che accade davanti ai nostri occhi?

Poiché Saramago non dà una risposta esplicita, spetta al lettore trovare la propria.

UNA METAFORA DEI CAMPI DI CONCENTRAMENTO

Se è possibile vedere l'epidemia di cecità come una rappresentazione dell'indurimento della nostra società, nel romanzo compare una metafora più esplicita: quella dei campi di concentramento. Leggendo le condizioni di vita dei pazienti del manicomio, è impossibile non pensare ai campi di concentramento utilizzati dai nazisti durante la Seconda Guerra Mondiale (1939-1945). I parallelismi sono numerosi:

- I ciechi sono segregati in dormitori diversi a seconda della causa della loro malattia (se l'hanno avuta in origine o se sono stati contaminati). Questo è simile al modo in cui i nazisti separavano gli uomini e le donne all'ingresso nei campi di concentramento, per poi scegliere chi era più adatto a lavorare;

- Le condizioni di vita sono particolarmente difficili. È sporco e il cibo è razionato e limitato;

- Il manicomio è sorvegliato da soldati che hanno l'ordine di sparare a chiunque tenti di fuggire, come accadeva durante la Seconda Guerra Mondiale;

- Nello stesso modo in cui gli ebrei imprigionati venivano sterminati in grandi gruppi nei campi nazisti, le autorità di *"Cecità"* decidono di eliminare un gran numero di persone contaminate;

- Infine, i detenuti del manicomio, come le vittime dei campi, soffrono di disumanizzazione. Le condizioni di vita sono così cattive che, a poco a poco, iniziano a perdere ciò che li rende umani.

IL TEMA DELLA DISUMANIZZAZIONE

La disumanizzazione è un tema molto presente nel romanzo di Saramago. Se inizia con le atroci condizioni del manicomio, in una sorta di isolamento psicologico, continua anche dopo l'uscita dalla struttura: le strade della città sono piene di caos, orrore, sporcizia e indegnità per l'uomo (rifiuti, escrementi, cadaveri, ecc.).

> *"Sapeva di essere sporco, più sporco di quanto ricordasse di essere mai stato in vita sua. Ci sono molti modi per diventare un animale, pensò, questo è solo il primo di essi". (p. 89)*

Tuttavia, è la sopravvivenza del più adatto e l'istinto di sopravvivenza a prevalere.

Inoltre, se da un lato il fatto che nessun personaggio abbia un nome, significa che è universale, dall'altro rafforza il fenomeno della disumanizzazione. I protagonisti si differenziano solo per il loro lavoro (come l'oculista), per il loro ruolo nella trama (come il primo cieco) o per le loro caratteristiche fisiche (come il vecchio con la benda sugli occhi).

Allo stesso modo, forse il fatto che sia la vista a essere persa dai protagonisti, anziché gli altri sensi, è il segno di una società che ha fatto un passo indietro rispetto alla cultura – e, quindi, alla sua umanità. Infatti, gli occhi non sono forse necessari per accedere ad alcune forme d'arte, come ammirare un dipinto o meravigliarsi di fronte a uno spettacolo di danza?

ULTERIORI RIFLESSIONI

ALCUNE DOMANDE SU CUI RIFLETTERE...

- *«La peste»* di Albert Camus potrebbe essere considerato un romanzo metaforico, come *"Cecità"*. Confrontate le due opere.

- In questo saggio abbiamo confrontato le condizioni di detenzione dei ciechi con quelle degli ebrei nei campi di concentramento. Confrontate il manicomio di *"Cecità"* con la descrizione dei campi di concentramento in *« Le Mort qu'il faut»* (2001) di Jorge Semprún e *"Se questo è un uomo"* (1947) di Primo Levi.

- Il romanzo presenta diversi modelli di società, sia all'interno del manicomio che all'esterno. Confrontateli. Quali differenze e somiglianze notate?

- *"Cecità"* rappresenta una società stravolta dalla cecità e la necessaria costruzione di una nuova società. Ci sono altri romanzi che hanno la stessa premessa?

- Il motivo per cui tutti riacquistano la vista alla fine del romanzo rimane un mistero. Costruite un'ipotesi per spiegare l'improvvisa cecità e il ritorno della vista.

- Se doveste diventare improvvisamente ciechi, come i personaggi del romanzo, che tipo di atteggiamento adottereste? In quale categoria vi collochereste?

- Conoscete gli altri romanzi di José Saramago? Quali sono le somiglianze e le differenze con *"Cecità"*?

- Secondo voi, perché l'autore ha scelto di far perdere la vista ai personaggi? Rifletteremmo allo stesso modo se il personaggio fosse diventato sordo?

- Cercate di creare una mappa dei personaggi del romanzo: chi sono gli eroi? Cosa cercano i protagonisti?

- Commentate il seguente brano:

> *"Non credo che siamo diventati ciechi, credo che siamo ciechi, ciechi ma vedenti, ciechi che possono vedere ma non vedono". (p. 309).*

ULTERIORI LETTURE

EDIZIONE DI RIFERIMENTO

Saramago, J. (2013) *Cecità*. Trans. Pontiero, G. Londra: Vintage Books.

STUDI DI RIFERIMENTO

Amorim S. (2010) *José Saramago. Arte, teoria ed etica del romanzo*. Parigi: L'Harmattan.

Errera E. (2013) *José Saramago. Tous les discours de réception de prix Nobel de literature*. Paris: Flammarion, pp. 248-266.

Fréjaville R. M. (2010) Les manifestations de l'horreur dans *Ensaio Sobre a Cegueira* de José Saramago. *Cahiers du CELEC*, numero 1. [Accessed 4 August 2016]. Disponibile da: <http://cahiersducelec.univ-st-etienne.fr/index.php?option=com_content&view=article&id=18%3Acahiers-du-celec-nd1&Itemid=2>

ADATTAMENTI

Cecità. (2008) [Film] Fernando Meirelles. Dir. Giappone, Brasile e Canada: Rhombus Media.

Vogliamo sapere da voi!
Lasciate un commento sulla vostra biblioteca online
e condividete i vostri libri preferiti sui social media!

www.50minutes.com

Master ISBN: 9782808690300
ISBN cartaceo: 9782808611701
Deposito legale: D/2023/12603/1450

Copertura: © Primento

Concezione digitale a cura di Primento, il partner digitale degli editori.